JN103727

究極のうまみレシピ

朝倉駿

はじめに

　この本を手に取っていただき、ありがとうございます。朝倉駿と申します。

　料理の仕事にたずさわってきた僕が目指しているのは、「毎日のごはんをもっと美味しく」。

　自分のための料理はもちろん、「ママのハンバーグは世界一！」「彼氏のカルボナーラ、マジやばい」「妻の餃子は無限に食べちゃう」…そんな声が聞こえてくるような料理を皆さんに作ってもらいたい。この本には、そんな思いを込めています。

　世の中には無数のレシピがあって僕たちを迷わせます。「結局どれが正解なの？」「簡単すぎない？」と戸惑ったり、「難しすぎるのはイヤ。できない！」って諦めたり。

　そんなとき、この本を読んでください。僕が美味しくするために考えたこと、イメージしたことを紹介しています。それは、料理が美味しくなる仕組みです。

　ちょっと面倒なこともありますが、美味しくなる仕組みがわかれば、頭の中の「？」が消えて料理が楽しくなります。他の料理に応用することもできる。

　まずは、「へぇ〜」なんて言いながら、思う存分作って、食べてみてください。全部、マジでヤバいんで。

究極の
うまみレシピ

THE ULTIMATE UMAMI RECIPE

一滴残らず
すすれ!
パスタ

かっこめ！ごはんもの

箸が止まらん！おかず

自分も休む、
『 **箸休めレシピ** 』

『 **Column** 』

めんどうレベル
3
LEVEL

めんどうレベルのお知らせ

「ちょっと面倒 めっちゃ美味しい」がこの本の料理のコンセプト。とはいえ全部が面倒だと皆さんのやる気をそいでしまうかもしれないので(笑)、めんどうレベルを表記しました。ぜひ参考にしてください。

めんどうレベル**1** → 平日の夜でも作れそう！
めんどうレベル**2** → 休日だったら作ってもいいかも！
めんどうレベル**3** → 気合いを入れて作るぞ！

「 ちょっと細かいですが、最初に読んでおいてください 」

料理は**イメージと段取り**が命！
もたもたしていると、火が通りすぎたり、水分が減ってしまったりすることも。美味しく仕上げるためにも、手順を頭に入れて、準備をしてから調理を始めましょう。

分量はできるだけ正確に
量りましょう。
調味料などの分量は、ほんの少しで味が変わります。ちょっと面倒ですが、できるだけ丁寧に、正確に量るよう意識してみてください。

パスタは早ゆで
タイプではなく、
普通のタイプを
使っています。

パスタをゆでるときの塩
は分量外。作り方の中で分量と塩分濃度を記載しています。
この本では小さじで表記。余裕があれば塩の重量を量るのがおすすめです。

材料のパスタに「※」があるものは**テフロンダイス（表面がツルツル）のパスタ**を使用。太さによってソースのからみ具合が変わるので、ぜひレシピ記載の太さで。

パスタは基本的に表示時間の1分前に上げてください。表示時間通りだと、伸びてしまうことが！

バターはすべて
無塩です。

ニンニク1片は中
サイズ1個（7g）、
ショウガ1片は10g
が目安です。

オリーブオイルは
エクストラバージ
ンオリーブオイル
がおすすめ。

塩ひとつまみは
指3本でつまん
だ量が目安です。

電子レンジの加熱時間
は**600W**を基準にしています。500Wの場合は1.2倍、700Wの場合は0.8倍を目安に加減してください。機種によって多少差があります。

小さじ1＝5mℓ、
大さじ1＝15mℓ、
1合＝180mℓです。

IMPORTANT

いかに うまみ

BROWN

「焦げ目」がうまい!

焦げの風味は
最高の調味料！

を入れるか。

「うまい！」を生み出すために重要なのが「うまみの取り扱い方」。うまみを引き出したり、入れたりするためにどうするか？　この２つを考えながら、ポイントをチェック！

「煮詰める」とうまい！

水分を飛ばすとうまみがギュッと濃くなる。

BOIL DOWN

SALT

「塩」で引き出すからうまい!

塩加減で
素材のうまみが
引き立つ。

「臭み」を抜くからうまい!

うまみを
邪魔するものを
消す!

SMELL

「うまみのもと」入れたらうまい!!

調味料やだし、
うまみのもとになる食材を
適材適所で使う!

YUMMY

「朝倉駿店で使うもの」

理想は、普通の材料でみんなが美味しく作れること。
だから、この本のレシピは、調理道具も調味料も
全部普通のものを使って作っています

調理道具は
安物でいい

気に入っているのは『タイガークラウン』の
ゴムベラと『エンドウ商事』のアルミパン。
あとは100円ショップで買ったフッ素樹脂
加工のフライパン、バットや網も大活躍。ト
ング、ホイッパー(泡立て器)も必須です。

一般的な調味料で
十分美味しくなる

目指しているのはベーシックな調味料で十
分美味しくなること。だから、この本で使っ
ている調味料は、すべて近所のスーパーで
買った一般的なもの。安心して普通の調味
料で作ってみてください。

うまみたっぷりの食材を
上手に活用!

うまみは引き出すことも大事ですが、加え
るのも大事。だから、だしの素、白だし、め
んつゆ、オイスターソースといった調味料
のほか、うまみたっぷりの昆布茶、塩辛、ア
ンチョビなども活用します。

『 最高のカルボナーラ 』

ベストなとろみを
まとわせる！

カルボナーラの美味しさは、とろりとからむソースにあり！
ぼそぼそして重くなった…は最悪。だから、ソースの材料は
混ぜておき、弱めの火加減でとろみをチェック。これでOK！

パスタ（1.8mm）※…100g
ベーコン（ブロック）…40g
オリーブオイル…大さじ1
パスタのゆで汁…100mℓ
● 卵液
　卵黄…2個
　粉チーズ…20g
　生クリーム…40g
黒コショウ…適量

作り方

1 ベーコンは7〜8mm角の棒状に切り、オリーブオイルをひいたフライパンで強火→弱火でじっくり炒める。

2 ベーコンに焼き色がついてきたタイミングで、沸かしておいたお湯1ℓに塩小さじ2を加え（塩分濃度1%）、パスタを表示時間より1分短くゆでる。

3 ベーコンがカリッとしたら火を止めてパスタのゆで汁を加え（a）、ヘラなどで鍋肌に焼きついた焦げや脂をこそげ落とし、水気をきったパスタを加えて混ぜ合わせる。

4 卵液の材料をしっかりと混ぜ合わせて（b）加え、弱めの中火にかけながらゆっくりと混ぜ合わせる。ときどき火から外しながら混ぜ（c）、全体にとろみがついたら火を止める。

5 器に盛り、黒コショウをふる。

ベーコンはしっかり焦げ目がつくまで炒めると、焦げの風味がうまみとなるのでこそげ落として。ベーコンから出た脂もうまい！

CARBONARA!

『 最高のカルボナーラ 』

卵黄、粉チーズ、生クリームを事前に
混ぜておくと、ソースのムラやぽって
り重くなるのを防げる

火が通りすぎるとソースが硬くなる。
弱めの火加減で、ときどき火から外し
てとろみをチェックしながら加熱する

火加減に気をつ
けて、とろみの
加減に全集中！

めんどうレベル
2
LEVEL

朝食豚店

『 ワンパンカルボナーラ 』

麺にうまみを吸わせるのはワンパンの得意技！

パスタは麺を食べるもの。麺にうまみを吸わせてからめるのが得意なワンパンパスタは案外正解！　というわけで、手軽に、でも本気で作ってほしい。パスタは折らずにね

ONE PAN CARBONARA!

『 ワンパンカルボナーラ 』

材料 1人分

パスタ（1.4mm）※…100g
ベーコン（ブロック）…40g
オリーブオイル…大さじ1

● 卵液
　卵黄…1個
　粉チーズ…10g
　水…小さじ2

● A
　水…300㎖
　牛乳…100㎖
　塩…小さじ½
黒コショウ…適量

作り方

1 ベーコンは7～8mm角の棒状に切り、オリーブオイルをひいたフライパンで強火→弱火で炒める。

2 卵液の材料は混ぜ合わせておく。

3 ベーコンがカリッとしたらAを加えて弱めの中火で沸騰直前まで温める。ふつふつとした状態になったらパスタを加え、2分経ったら中火にして表示時間までゆでる（a→b）。

4 ソースの水分が減り、パスタが少し硬いゆで具合までになったら火を止める。パスタの上に卵液を流し込み（c）、全体を混ぜながら弱火にしてソースにとろみがつくまで温める（d）。

5 器に盛り、黒コショウをふる。

めんどうレベル
1
LEVEL

ベーコン、牛乳、塩の味を吸わせながらパスタをゆでる。パスタが短いと食べ応えが減って残念なので、折らずに投入

牛乳が入っているので噴きこぼれないよう火加減に注意。パスタに優しくうまみを吸わせていくイメージ

パスタが少し硬いゆで加減になったら、卵液を加える。ここからは火加減を弱めてとろみの加減に集中！

ゴムベラなどでフライパンの底をスッとこすると、底が見えるくらいのとろみ具合になったらOK

材料 1人分

パスタ（1.7mm）…100g

シーフードミックス（冷凍）
　…150g

ニンニク…1片

ディル…1本

赤唐辛子（種を除く）…1本

オリーブオイル…大さじ2

アンチョビ…10g

白ワイン…大さじ1

ナンプラー…少々

レモン（好みで）…適量

作り方

1 シーフードは半解凍にする。ニンニクはみじん切りに、ディルは刻む。赤唐辛子は半分に切る。

2 フライパンにオリーブオイル大さじ1をひき、ニンニク、赤唐辛子を加え、強火→弱火で香りが立つまで炒める。

3 1ℓのお湯に塩小さじ2を加え（塩分濃度1％）、パスタをゆでる。

4 ニンニクの香りが立ってきたら、アンチョビを加えて潰しながら煮溶かす（a）。

5 シーフードを加えて（b）中火で軽く炒めたら、白ワインを加え（c）、弱火でアルコール分を飛ばす。

6 強火にして水気をきったパスタを加えてあえる。オリーブオイル大さじ1、ディル、ナンプラーを加えて一気にあおり、すぐに器に盛り、好みでレモンを添える。

うまみ
POINt

a フライパンを傾けてオイルを集め、オイルの中でアンチョビを潰しながらうまみを移していく

b シーフードは完全解凍するとうまみが抜けてしまうので、半解凍くらいで加えるのがおすすめ

c 白ワインを加えると酸味が入って味のバランスがよくなる。だから、料理酒ではなく白ワインを使ってほしい！

『 ワンパン鶏ぺぺたま 』

鶏×卵×めんつゆ
絶対うまい
かけ合わせ

ぺぺたまは絶対美味しいやつ。間違いない。だって、卵とめんつゆ、そこに鶏肉を加えるんだから、それはもう親子丼（笑）。うまいもんは鉄板の組み合わせでできてるんだ！

材　料 1人分

パスタ（1.4mm）※…100g

鶏もも肉…60g

ニンニク…1片

三つ葉…適量

卵…1個

オリーブオイル…大さじ1

赤唐辛子（種を除く）…1本

● A

　めんつゆ（3倍濃縮）…大さじ2弱

　酒…大さじ1

　みりん…小さじ1

水…400ml

黒コショウ…適量

作り方

1 鶏肉はひと口大、ニンニクはみじん切り、三つ葉はざく切りにする。卵はしっかり溶きほぐす。

2 フライパンにオリーブオイルをひいてニンニク、赤唐辛子を加えて強火→弱火で炒め、ニンニクの香りが立ってきたら中火にして鶏肉を加えて炒める。

3 Aを加えて軽く炒めたら（a）、水を加えて沸騰させる。

4 パスタを加えて中火で表示時間を目安にゆでる。様子を見て、パスタが少しだけ硬め、ソースの水分が少し残るくらいになったら火を止める（b）。すぐに溶き卵を加えて、フライパンを揺すりながら素早く一気に混ぜ合わせる（c）。

5 器に盛り、黒コショウをふり、三つ葉を散らす。

ニンニクの香りが立ったら鶏肉を炒めて、調味料を加えて煮詰める。調味料のうまみが凝縮されて味が決まる！

ONE PAN

TORI PEPE TAMA!

『 ワンパン鶏ぺぺたま 』

フライパンを傾けて水分量がこれくらいになったら、火を止めて、溶き卵を加えて一気に混ぜる！　思い切りよく！

とろみがゆるい場合は弱火にかけ、ゴムベラでフライパンの底をこすって底が見えるくらいまでとろみをつける

めんどうレベル

1

LEVEL

『山盛り大葉のたらこパスタ』

PASTA WITH TARAKO AND SHISO LEAVES!

ボウルであえることで
驚きのなめらかさ！

お手軽パスタだけど「いかになめらかにするか？」が重要。そして、太いパスタを使うとソースとのバランスがよくなる。こういうことにこだわってみるとパスタは断然面白い！

めんどうレベル
1
LEVEL

材 料 1人分

パスタ（1.9mm）…100g

たらこ…1本

ハチミツ梅干し…2個

大葉…約20枚
（あればあるだけいい！）

ニンニク…1片

オリーブオイル…大さじ2

酒…大さじ1

みりん…大さじ1

水…大さじ2

バター…10g

醤油…少々

黒コショウ…適量

作り方

1 たらこは細かく刻む（**a**）。梅干しは種を除いて刻む。大葉は千切り、ニンニクはみじん切りにする。

2 1ℓのお湯に塩小さじ2を加え（塩分濃度1%）、パスタをゆでる。

3 フライパンにオリーブオイル大さじ1をひき、ニンニクを加えて強火→弱火で炒める。

4 ニンニクがふつふつとしたら中火にして酒、みりんを加えてアルコール分を飛ばし、水を加える。

5 4をボウルに移し、たらこ、梅肉を各半量加えて混ぜる（**b**）。バター、醤油、水気をきったパスタを加えてあえる（**c**）。

6 器に盛り、大葉、残りのたらこと梅肉をのせる。オリーブオイル大さじ1をかけ、黒コショウをふる。

うまみ
POINT

たらこは皮にもうまみがあるので捨てずに使う。包丁で皮もしっかり切れば、意外と皮の食感が気になることもない

たらこには酸味が合うので、梅干しとの組み合わせが抜群！ ニンニクオイルの熱で少し火が入ってクリーミーに

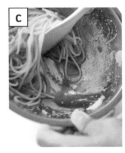

ボウルの中でソースが完成したら、ゆでたてアツアツのパスタを加えて、手早く混ぜる！

どうする？

ださい。牛乳では作れないし、代用はできません。

　さて、本題の「余った生クリームはどうするの？」の答え
は、**「何にでも"ちょっと"入れてみたら？」**

　たとえば、トマトソースに生クリームをちょっと加えて
トマトクリームに。キーマカレーにちょっと加えるとまろや
かなコクが出る。肉ジャガに加えれば和風クリーム煮込み
になるし、辛味強めのよだれ鶏ソースに、少し生クリーム
を加えてまろやかにするのもあり。つまり、想像してみて、
いけそうだと思う料理なら、生クリームを少し入れて台無
しになるようなことはほとんどない、というわけ。

　もちろん「大さじ2を使って余ったぶんはどうしよう…」
となる気持ちもわかる。でも、そこで使うのをやめちゃっ
たら、「生クリームをちょっと加えたら美味しくなるか
も！」というワクワクの機会まで逃してしまっているのは
事実。**生クリーム、ぜひ買って、使って、余らせちゃいま
しょう。余らせたおかげで、生クリームちょい足しで美味
しくなる料理が見つかるかも！**

『 **エビのトマトクリームパスタ** 』

仕上げの醤油で
キリッと味が引きしまる

トマトクリーム系のパスタは、うまみ、
酸味、まろやかさがあって、美味しくな
る土台がしっかりある。だからこそ、大
事なのは塩味。今回、使う塩味は醤油。
味が引きしまり、うまみが際立つ！

PASTA WITH TOMATO CREAM SAUCE

AND SHRIMP!

『エビのトマトクリームパスタ』

材料 1人分

パスタ(1.7mm)…100g

エビ(殻付き)…100g

片栗粉…大さじ1

酒…大さじ1

玉ねぎ…40g

ニンニク…1片

オリーブオイル…大さじ3

塩…少々

ホールトマト…100g

生クリーム…50ml

パスタのゆで汁…60ml

醤油…大さじ½

黒コショウ…適量

作り方

1 エビは殻をむき、爪楊枝などで背わたを取り除く。片栗粉をまぶしてもみ洗いし、水洗いする(**a**)。水気をきって酒に浸ける。

2 玉ねぎはスライス、ニンニクはみじん切りにする。

3 1ℓのお湯に塩小さじ2を加え(塩分濃度1%)、パスタをゆでる。

4 フライパンにオリーブオイル大さじ1をひき、中火にかけて玉ねぎを炒める。

5 玉ねぎがしんなりとしたら塩をふって端に寄せ、あいたところにオリーブオイル大さじ1、エビを加えて炒める。エビの両面が焼けたら取り出し(**b**)、あいたところにオリーブオイル大さじ1、ニンニクを加えて弱火で炒める。

6 ニンニクの香りが立ち、色づく手前になったら、中火にしてホールトマトを加える。ザックリと崩し、ペースト状になるまで煮詰めたら(**c**)、生クリーム、パスタのゆで汁を加える。

7 水気をきったパスタを加えて混ぜ、醤油を加えてあえる(**d**)。エビを戻し入れて軽く炒め合わせる。

8 器に盛り、黒コショウをふり、オリーブオイル適量(分量外)をかける。

めんどうレベル

2

LEVEL

エビは片栗粉をまぶしてもみ込んでから洗い流す。こうすると、片栗粉が臭みを吸着して臭みが取れる

エビは火が通りすぎると小さく硬くなってしまうので、両面をサッと焼いたらいったん取り出す

うまみ
POINT

ホールトマトを潰しながら、ペースト状になるまで煮詰める。水分を飛ばすことで、うまみが凝縮！

仕上げに醤油で味を調える。トマトクリームに醤油、これが合う！　そして味が引きしまる！

『 塩辛クリームパスタ 』 PASTA WITH CREAM SAUSE AND SHIOKARA!

塩辛&牛乳が…
予想を超えてくる！

塩辛と牛乳。うっそーん、と思うかもしれませんが、食べてみたらわかります。めちゃうま！　ベースになっているのは玉ねぎと牛乳。そこに塩辛のうまみと塩気が加わるのだから、間違いなし！ってわけです

材　料 1人分

パスタ（1.9mm）…100g

イカの塩辛…50g

玉ねぎ…40g

ニンニク…1片

万能ネギ…適量

オリーブオイル…大さじ3

塩…少々

牛乳…100mℓ

黒コショウ…適量

作り方

1 玉ねぎ、ニンニクはみじん切りに、万能ネギは小口切りにする。

2 1ℓのお湯に塩小さじ2を加え（塩分濃度1％）、パスタをゆでる。

3 フライパンにオリーブオイル大さじ1をひき、玉ねぎを加える。塩をふり、中火で炒める（**a**）。

4 玉ねぎがしんなりとしてきたら端に寄せ、あいたところにオリーブオイル大さじ1を加え、弱火にしてニンニクを炒める。

5 ニンニクの香りが立ってきたら、塩辛を加えて炒める（**b**）。牛乳を加えて軽く温め、水気をきったパスタを加えてあえる。

6 器に盛り、黒コショウをふって、万能ネギを散らし、オリーブオイル大さじ1をかける。

うまみ
POINT

玉ねぎはしんなりするくらいに炒めて、軽やかな甘味を引き出す。飴色になるとしつこくなるので注意して

塩辛は炒めすぎると硬くなるので、最後に加えてサッと炒める。これだけで、断然うまみが濃くなる！

『 **ワンパンクリームボロネーゼ** 』 ONE PAN BOLOGNESE WITH CREAM SAUSE!

こんがり焼いた
肉の風味がうまみになる

玉ねぎの甘味、ひき肉の焦げ目の風味、脂のうまみが、余すことなく牛乳
ベースのクリームソースにギューッと凝縮。ワンパンパスタとは思えない
クオリティ、ここにあります

パスタ（1.4mm）※…100g

合いびき肉…80g

玉ねぎ…30g

ニンニク…1片

イタリアンパセリ（好みで）…適量

オリーブオイル…大さじ1

塩…少々

● A

水…200㎖

牛乳…200㎖

鶏ガラスープの素
　　…小さじ½強

粉チーズ…大さじ1弱

黒コショウ…適量

作り方

1 玉ねぎ、ニンニクはみじん切りにする。イタリアンパセリはざく切りにする。

2 フライパンにオリーブオイルをひき、ニンニクを強火→弱火で炒める。

3 香りが立ってきたら中火にして玉ねぎを炒める。

4 玉ねぎがしんなりとしてきたら、ひき肉を加えて塩をふり、焼き目がつくまでよく炒める（a）。

5 Aを加えて弱火にし、沸騰直前になったらパスタを加える。

6 とろみが出てきたら中火にして表示時間までゆでる**（火加減は前半弱火、後半中火が目安）**。

7 味見をして塩で味を調え、粉チーズを加えて全体をあえる。

8 器に盛り、黒コショウをふり、オリーブオイル適量（分量外）をかけて好みでイタリアンパセリをのせる。

a

うまみ
POINT

ひき肉はほぐさずに表面をじっくり焼く。肉から出た脂も生かしてこんがり焼くと、これがうまみになる

『 **トマト味噌ボロネーゼ** 』

トマトと味噌!?
これが驚きの好相性!

トマトと味噌はとても合う。それを証明するのが、このボロネーゼ。
肉の脂を丁寧に引き出してからうまみを入れていくから、味わいが深
い！　懐も深い！　だから、パスタにもごはんにも合う

BOLOGNESE WITH TOMATO AND MISO SAUSE！

『 トマト味噌ボロネーゼ 』

材　料　作りやすい分量・約4人分

豚ひき肉…400g
（合いびき肉でもOK）
玉ねぎ…300g
ニンニク…15g
サラダ油…大さじ3
塩…適量
赤ワイン…300㎖
水…400㎖
ローリエ…2枚
ホールトマト…2缶（800g）

● A
　ハチミツ…40g
　味噌…70g
　中濃ソース…15g
バター…20g

作り方

1 玉ねぎ、ニンニクはみじん切りにする。

2 フライパンにサラダ油大さじ1をひき、ひき肉を強火でこんがりと炒める。

3 火が通ってきたら塩小さじ1弱をふり（a）、しっかりと火が通ったらザルに上げて脂をきる（b）。

4 フライパンにサラダ油大さじ1をひき、玉ねぎを弱めの中火で炒める。水分が軽く抜けてきたら塩小さじ½強をふる。

5 玉ねぎを端に寄せ、あいたところにサラダ油大さじ1、ニンニクを加えて弱火で炒める。

6 香りが立ってきたらひき肉をフライパンに戻し入れ、赤ワイン、水、火であぶったローリエを加える。沸騰させたら強火で10分煮込む。

7 水気が飛んだらホールトマトを加え、トマトをざっくり潰す。**A** を加えて（c）弱火で15分煮込み、仕上げにバターを加える。

8 1人分を作る場合は、1ℓのお湯に塩小さじ2を加え（塩分濃度1％）、パスタ100g（分量外）をゆでる。ソース1人分にパスタのゆで汁を少し加え、ソースとパスタをあえる。

※トマト味噌ソースは冷ましてから保存容器に入れ、冷蔵で約5日間保存可。

めんどうレベル
2
LEVEL

a

ひき肉を強火で炒めると脂が出てくる。塩をふるとさらに脂が出てくる。こうして丁寧に脂を引き出す

b

ザルに上げて肉の脂を取り除く。このひと手間で、臭みも抜けて格段にうまみが入りやすくなる

うまみ
POINT

c

煮込みながらトマトと調味料のうまみを肉に入れていく。弱火で優しく染み込ませていくイメージ

WITH RICE

そのまま
ごはんに
かけても！

YEAH!

TOMATO SAUCE "ASAKURA SPECIAL"!

シンプルだから生きる
フレッシュ感と香り

『朝倉駿店のトマトソース』

いろいろな食材を加えてうまみを濃厚にするトマトソースもいいけれど、
使い勝手がいいのはやっぱりシンプルなもの。塩さえも加えない
朝倉駿店のトマトソース。たぶん、一生飽きない永久保存版

材料 作りやすい分量

玉ねぎ…70g
ニンニク…2片
オリーブオイル…大さじ2
ホールトマト…2缶（800g）
ローリエ…1枚

作り方

1 玉ねぎはスライス、ニンニクは包丁の腹で押さえて潰す。

2 鍋にオリーブオイルをひき、ニンニクを加えて弱火でじっくり炒める。

3 ニンニクが色づいてきたら取り出し、玉ねぎを加えて中火で炒める。

4 玉ねぎがしんなりとしてきたらホールトマトを加える（a）。缶に残った汁は水（分量外）を入れて落とし、それも加える。泡立て器でざっくり潰し（b）、あぶったローリエを加えて（c）強火で沸騰させたら弱火にして10分煮る。

5 容器に移し、泡立て器でトマトをざっくり潰したら、一度しっかり冷やす。

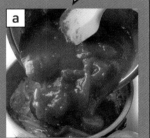

a

カットトマトではなく、完熟トマトを使ったホールトマトを使用。そのほうが断然うまみが濃い！

b

泡立て器でトマトを崩しながら加熱する。崩しすぎず、少し塊が残る程度のほうがトマト感のあるソースに仕上がる

c

ローリエはコンロの火でサッとあぶると香りがアップ！ このひと手間で格段に香りがよくなる

めんどうレベル
1
LEVEL

『朝倉駿店のトマトソース』で

『ニンニクトマトパスタ』

PASTA
WITH TOMATO SAUCE
AND GARLIC!

最大のコツは
アツアツを食べること!

もとのソースにも味付けにも塩は使わず、パスタをゆでる際の塩分のみで味を決める。そこまで計算された感じがカッコイイと思うわけです。太めのパスタを使って、できたてアツアツを豪快に食べてほしい!

材料 1人分

パスタ（1.7mm）…100g
『朝倉駿店のトマトソース』
（52ページ参照）…100g
ニンニク…2片
オリーブオイル…大さじ2
パスタのゆで汁…60㎖

作り方

1 ニンニクはみじん切りにする。

2 1ℓのお湯に塩小さじ2½を加え（塩分濃度1.5％）、パスタを表示時間より1分短くゆでる。

3 フライパンにオリーブオイル大さじ1、ニンニクを加えて強火→弱火で炒める（**a**）。

4 ニンニクが色づいてきたら、**『朝倉駿店のトマトソース』**を加えて中火でなじませる。トマトソースが赤色からオレンジ色に変わったら（**b**）、パスタのゆで汁を加えていったん火を止める。

5 パスタがゆで上がったら強火にかけ、水気をきったパスタを加え、ソースとあえる。オリーブオイル大さじ1を加え、フライパンをあおって混ぜ合わせたら、手早く器に盛る。

うまみ
POINT

+ RED PEPPER

赤唐辛子を
加えれば
アラビアータに！

a
ニンニクは麺にからみやすいよう細かいみじん切りに。炒めるときはフライパンを傾けてオイルに浸し、弱火でじっくり

b
トマトソースの色をよく見ながら炒める。赤色からオレンジ色になったら、オイルとトマトがなじんだ証し

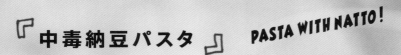

『中毒納豆パスタ』 PASTA WITH NATTO!

なぜ、カレー粉を？
だってうまいんだもん！

納豆にカレー粉を加える理由は、とにかく美味しいから。ポイントは水分を控えめにして、あえて麺を少しボソッとさせること。その理由？　もちろん美味しいから。理屈抜きに食べてみて〜！と思う

めんどうレベル
1
LEVEL

パスタ（1.7mm）…100g
ひきわり納豆…1パック
ニンニク…1片
オリーブオイル…大さじ1
● A
　酒…大さじ1
　みりん…大さじ1
　醬油…大さじ½
カレー粉…2〜3g
粉チーズ…大さじ1弱
バター…10g
黒コショウ…適量

作り方

1 ニンニクはみじん切りにする。

2 鍋にオリーブオイルをひき、ニンニクを強火→弱火でじっくり炒める。

3 1ℓのお湯に塩小さじ2を加え（塩分濃度1％）、パスタをゆでる。

4 ニンニクが軽く色づいてきたらAを加えて中火でアルコール分を飛ばす。

5 ソースをボウルに移し、納豆（a）、添付のタレ・からし、カレー粉（b）、粉チーズ、バターを加え、パスタを加える直前にざっくりと混ぜる。

6 水気をきったパスタを加えて軽くあえる。

7 器に盛り、黒コショウをふる。

a

ニンニクが香り立つソースに納豆を加える。この段階で、すでに美味しい予感！　汁少なめなのが、パスタにからむポイント

b

うまみ POINT

カレー粉をイン。ニンニクとカレー粉で、ファーストインパクトがガツンと強くなる！

めんどうレベル
1
LEVEL

『ジャパニーズ貧乏人パスタ』 SPAGHETTI DELPOVERELLO!

絶対美味しい！ めんつゆバター味

卵、ニンニク、チーズで作るイタリア庶民のパスタをアレンジ。味付けに使うのは、めんつゆ×バター。それはもう、美味しいに決まってる。半熟の目玉焼きをザクザク崩し、黄身をからめながらどうぞ！

パスタ（1.7mm）…100g

ニンニク…1片

オリーブオイル…大さじ3

卵…1個

● **A**

　めんつゆ（3倍濃縮）…大さじ1

　水…60㎖

バター…10g

粉チーズ、黒コショウ…各適量

作り方

1 ニンニクはスライスする。

2 1ℓのお湯に塩小さじ2を加え（塩分濃度1%）、パスタをゆでる。

3 フライパンにオリーブオイル大さじ1をひき、半熟目玉焼きを作って取り出す。

4 フライパンにオリーブオイル大さじ1をひき、ニンニクを強火→弱火で炒める。

5 ニンニクが軽く色づいてきたら、中火にして**A**を加え、沸騰したらいったん火を止める。

6 パスタがゆで上がったら強火にかけ、水気をきったパスタ（**a**）、バターを加えてあえる（**b**）。

7 器に盛り、粉チーズをかけ、目玉焼きをのせる。黒コショウ、オリーブオイル大さじ1をかける。

うまみ POINT

a ニンニク、オリーブオイル、めんつゆのソースに、アツアツのパスタを加えてうまみを吸わせる

b 最後にバターを加えてからめると、さらにうまみがアップ。オイルでパスタがツゥルンとなるのもいい！

めんどうレベル
2 LEVEL

『 釜揚げしらすの
レモンペペロンチーノ 』

PASTA WITH LEMON SAUCE
AND SHIRASU!

香りの仕上げで
爽やかさを際立たせる

ニンニク一本勝負の、勇ましきペペロンチーノが軽やかに変身！ 爽やか
なイタリアンパセリ、レモンの香り、そして酸味。しらすとアンチョビのう
まみで満足感しっかり。絶妙のバランス、ここにあり！

パスタ（1.7mm）…100g

釜揚げしらす…40g

ニンニク…1片

赤唐辛子（種を除く）…1本

イタリアンパセリ…適量

オリーブオイル…大さじ2

アンチョビ…3g

パスタのゆで汁…80㎖

レモン…⅛個

作り方

1 1ℓのお湯に塩小さじ2を加え（塩分濃度1%）、パスタを表示時間より1分短くゆでる。

2 ニンニクはスライス、赤唐辛子は半分に切る。イタリアンパセリは刻む。

3 フライパンにオリーブオイル大さじ1をひき、ニンンク、赤唐辛子を強火→弱火で炒める。

4 アンチョビを加えてペースト状に潰す。中火にしてしらす半量を加えて軽く炒め、パスタのゆで汁を加えていったん火を止める。

5 パスタがゆで上がったら強火にかけ、水気をきったパスタを加えて何回かフライパンをあおりながらあえる。イタリアンパセリを加え（a）、レモンを搾り（b）、オリーブオイル大さじ1をかけ、サッと炒め合わせる。

6 器に盛り、残りのしらすをのせる。

うまみ POINt

普通のパセリよりイタリアンパセリのほうが柔らかくなじみやすい。ぜひ、たっぷり加えて！

レモンは最後に搾り入れるとフレッシュな香りが生き、サッと加熱すると酸味もほどよくなる

『 **大葉ジェノベーゼ** 』 GENOVESE WITH SHISO LEAVES!

ミキサーを使わない、
だから香りが弾ける！

ジェノベーゼといえば、バジルとミキサー必須…ではありません！　大葉を使って、まな板の上で作れる。そうやって作る意味がちゃんとある。それが、僕の大葉ジェノベーゼ

材料 1人分

パスタ（1.9mm）…100g

大葉…18g

ミックスナッツ（無塩）…10g

アンチョビ…4g

ニンニク…約⅓片

オリーブオイル…大さじ3強

パスタのゆで汁…60㎖

粉チーズ…15g

作り方

1 大葉は千切りにする（**a**）。ミックスナッツ、アンチョビは刻む。ニンニクはすりおろす。

2 まな板の上に大葉を置き、オリーブオイルを何回かに分けてかけてなじませながら、ペースト状になるまで細かく刻む（**b**,**c**）。

3 1ℓのお湯に塩大さじ1弱を加え（塩分濃度1.3％）、パスタをゆでる。

4 ボウルに**1**、**2**を入れ、パスタのゆで汁、水気をきったパスタ、粉チーズを加えてあえる。

5 器に盛り、オリーブオイル適量（分量外）をかける。

うまみ POINT

まずは大葉の千切り。大葉は広げた状態で切るより、重ねた状態でくるくると巻き、端から千切りにすると楽チン

まな板に大葉をまとめて置き、オリーブオイルを少しずつかけながら、大葉を刻んでいく

包丁でオイルを寄せつつ、刻みながらオイルをなじませていく。少し残った葉の粒が食感のアクセントに！

63

家で作れる最高のカクテル

手作りドリンクひとつで、俄然気分が上がる。人が来たときにサッと作って出せたら、
それはもう、カッコイイでしょ！　ノンアルにもできるから、子ども用にもさ！

non alcoholic
mojito

Lemon Sour

炭酸水の前に
ホワイトラムを
加えると大人の
カクテルに！

グラスの縁を
水で濡らして
塩をつけておくと、
塩レモンサワーに！

ノンアルなら
子どもも一緒に
楽しめます

グラスに氷をたっぷり
入れて、スプーンなどで
クルクル回し、ステア。
これをやるとカッコイイ！

飲みながら癒やされる！

ノンアルモヒート

材料と作り方

1 ライム1個を塩もみして洗い流す。両端を切り落とし、1/8のくし切りを3個用意し、果肉の先の白い部分を切り落とす。

2 ライムのくし切り2個を小さめに切り、ボウルに入れ、三温糖大さじ1を加えて混ぜ、砂糖を溶かす。

3 グラスにたっぷりのミントを入れてスプーンなどで軽く潰す。氷、**2**を加えて炭酸水を注ぎ、残りのライムを搾って静かに一周ステアする。

マリネしたレモンでヤバいうまさ！

レモンサワー

材料と作り方

1 レモン3個を塩もみして洗い流す。両端を切り落とし、くし切りにし、果肉の先の白い部分を切り落とし、小さめに切る。

2 ボウルにレモン、グラニュー糖（レモンの重量の1/2量）を入れて混ぜ、砂糖を溶かす。

3 （この状態で冷蔵保存して、翌日以降に作るとまろやかに！）

4 グラスに氷、**2**を入れ、炭酸水、好みで焼酎などを加え、下に溜まったシロップを持ち上げるようにステアする。

かっこめ！ごはんもの

『 ふんわりの牛丼 』

「弱火で
しゃぶしゃぶ」で
肉が断然うまくなる!

牛丼は作るものではなくお店で買うものと思っているすべ
ての人に捧げます、この牛丼を。ちょっと丁寧に作るだけで、
牛丼の肉にこんなにうまみがあったのか!と思うはず

牛切り落とし肉…200g

玉ねぎ…70g

● **A**

　水…200mℓ

　酒…100mℓ

　めんつゆ（3倍濃縮）…50mℓ

　みりん…50mℓ

　醬油…20mℓ

紅ショウガ…適量

ごはん…適量

作り方

1 玉ねぎはくし切りにする。

2 鍋に**A**、玉ねぎを入れて強火にかける。沸騰したら弱めの中火にし、玉ねぎがくたっとする直前まで煮る（**a**）。

3 弱火にして牛肉を約半量ずつしゃぶしゃぶする。8割ほど火を通し、バットなどに取り出す。再び煮汁を軽く温め、弱火で残りの牛肉を同様に火を通して取り出す（**b**）。

4 中火にして煮汁を沸騰させ、真ん中に集まったアクを取り除く（**c**）。火を止めて牛肉を戻し入れて温める。

5 器にごはんを盛り、**4**をのせ、紅ショウガを添える。

玉ねぎの存在感も大事。煮崩れないよう少し太めのくし切りにして、透明になる程度に煮る

めんどうレベル

1

LEVEL

GYU DON!

『ふんわりの牛丼』

うまみ
POINT

b

牛肉は加熱しすぎると硬くなり、うまみも抜ける。弱火でしゃぶしゃぶし、赤みが残っている程度で取り出す

c

アクがあると見た目も味も損なわれるので、煮汁を沸騰させて真ん中に集まったアクを一網打尽にすくい取る

『 無敵の焼き鳥丼 』

まるで炭火焼き！
無敵のタレ、完成

ひと言で言うと「タレをうまくしたかったんだ！」。少
し手間はかかるけれど、やる価値あり。焼き鳥だけ
じゃない。このタレで作ったチャーハンも卵かけごは
んも最高にうまいから

FRIED RICE!

『 悶絶卵チャーハン 』

材料 1人分

ごはん (炊きたて) … 250g
卵 … 2個
ニンニク … 1片
ショウガ … 1片弱
サラダ油 … 大さじ2
鶏ガラスープの素 … 3g
酒 … 大さじ1
醤油 … 大さじ1
マヨネーズ … 大さじ1強
黒コショウ … 適量

作り方

1 ニンニク、ショウガはみじん切りにする。卵は黄身と白身が混ざり合うまでしっかり溶く(a)。

2 フライパンにサラダ油をひき、ニンニク、ショウガを加えて強火→弱火で香りが十分に立つまで炒める。

3 強火にして溶き卵→ごはんを順番に加え、手早く炒める。

4 ごはんを切るように混ぜ合わせたら(b)、鶏ガラスープの素を加えて全体に行き渡るように混ぜる。

5 鍋肌から酒、醤油を加えて混ぜ合わせ(c)、全体に味が行き渡ったら、マヨネーズを加える(d)。白っぽさがなくなり、ごはん全体がツヤっぽくなるまで炒め合わせる。

6 小さなボウルやお椀にチャーハンを詰め、器をかぶせてひっくり返し、黒コショウをふる。

準備がカギ

すべての材料を準備して一気につくる!

めんどうレベル
1
LEVEL

a

卵は白身と黄身で火の通り方が違うので、均一に火が入るよう、よく溶きほぐしておく

b

ごはんは冷めるとくっつきやすくなるので、炊きたてを使うのがおすすめ。ヘラで切るようにほぐす

うまみ
POINT

c

調味料は鍋肌にジュッと加える。焦がした香ばしさがうまみになる。混ぜ合わせると米がふっくらしてくる!

d

マヨネーズを加えたら、米全体に行き渡るように混ぜながら、マヨも加熱。すると香りが立って、しっとりパラパラに!

『自慢のキーマカレー』

じっくり炒めた
飴色玉ねぎが味の土台

作る前に、玉ねぎとじっくり付き合う覚悟を決めて、飴色玉ねぎ作り
に取りかかる。時間と手間はかかるけれど、これがなくちゃ始まらな
い！ 飴色玉ねぎは、僕のキーマの大事な土台だから

このたびは飛鳥新社の本をご購入いただきありがとうございます。
今後の出版物の参考にさせていただきますので、以下の質問にお答
え下さい。ご協力よろしくお願いいたします。

■この本を最初に何でお知りになりましたか
　1.新聞広告（　　　　　　　　新聞）
　2.webサイトやSNSを見て（サイト名　　　　　　　　　　　）
　3.新聞・雑誌の紹介記事を読んで（紙・誌名　　　　　　　　）
　4.TV・ラジオで　5.書店で実物を見て　6.知人にすすめられて
　7.その他（　　　　　　　　　　　　　　　　　　　　　　）

■この本をお買い求めになった動機は何ですか
　1.テーマに興味があったので　2.タイトルに惹かれて
　3.装丁・帯に惹かれて　4.著者に惹かれて
　5.広告・書評に惹かれて　6.その他（　　　　　　　　　　）

■本書へのご意見・ご感想をお聞かせ下さい

■いまあなたが興味を持たれているテーマや人物をお教え下さい

※あなたのご意見・ご感想を新聞・雑誌広告や小社ホームページ上で
　1.掲載してもよい　2.掲載しては困る　3.匿名ならよい

　ホームページURL http://www.asukashinsha.co.jp

郵便はがき

1 0 1 - 0 0 0 3

63円切手を
お貼り
ください

東京都千代田区一ツ橋2-4-3
光文恒産ビル2F

（株）飛鳥新社　出版部　読者カード係行

| フリガナ | 性別　男・女 |
| ご氏名 | 年齢　　　歳 |

フリガナ

ご住所〒

TEL　　　　（　　　）

お買い上げの書籍タイトル

ご職業　1.会社員　2.公務員　3.学生　4.自営業　5.教員　6.自由業
　　　　7.主婦　8.その他（　　　　　　　　　　　　）

お買い上げのショップ名　　　　　　　所在地

★ご記入いただいた個人情報は、弊社出版物の資料目的以外で使用することは
ありません。

シリーズ累計135万部
『おやすみ、ロジャー』シリーズ最新作!

＼たった**10分**で、寝かしつけ!／

おやすみ、ケニー

魔法のぐっすり絵本

★ カール=ヨハン・エリーン[著]
★ 三橋美穂[監訳]

978-4-86410-979-6／1,426円

主人公はトラクター!
みんな大好き!
乗り物の話でぐっすり

おやすみ、ロジャー

カール=ヨハン・エリーン[著]
三橋美穂[監訳]

テレビでも多数紹介!

日本ギフト大賞も受賞!

プレゼントの定番です🎁

心理学的
効果により
読むだけで
お子さまが
眠ります

978-4-86410-444-9
／1,426円

カール=ヨハン・エリーンの大好評シリーズ

おやすみ、ロジャー
朗読CDブック
大人気声優の声でぐっすり

CD1枚で、寝かしつけ!

水樹奈々 中村悠一[朗読]
978-4-86410-515-6／1,426円

おやすみ、エレン
第2弾はゾウさん
かわいいイラストが人気

三橋美穂[監訳]
978-4-86410-555-2／1,426円

だいじょうぶだよ、モリス
子どもの不安が消える絵本

中田敦彦[訳]
978-4-86410-666-5／1,426円

最新刊

変な家2

[著] 雨穴（うけつ）

〜11の間取り図〜

雨穴

変な家
11の間取り図
2

シリーズ累計
100万部

間取り
ミステリー
最新作
すべての家が
最後に繋がる

飛鳥新社

978-4-86410-982-6／1,650円

社会現象を巻き起こす
"間取りミステリー"
待望の第2弾！

シリーズ累計
100万部
突破!!

すべての家が　最後に　繋がる

行先のない廊下、ネズミ捕りの家、逃げられないアパート……中部・北関東地方に散らばる11の奇妙な家。一見、それぞれの家は無関係に思えるが、注意深く読むと、一つのつながりが浮かび上がってくる。前作に続き、フリーライターの「筆者」と設計士・栗原のコンビが新たな謎に挑む！

KEEMA CURRY!

『自慢のキーマカレー』

合いびき肉…400g

玉ねぎ…340g

ニンニク…2片

ショウガ…2片

塩…2g

サラダ油…大さじ3

カレー粉…15g

ケチャップ…100g

中濃ソース…100g

牛乳…400㎖

ハチミツ…30g

醤油…小さじ1

バター…20g

ごはん…適量

作り方

1 玉ねぎは薄切り、ニンニク、ショウガはみじん切りにする。

2 フライパンに油をひかずにひき肉を入れ、強火で炒める。塩をふり、ひき肉に火が通ったらボウルなどに取り出す。

3 フライパンにサラダ油大さじ1をひき、玉ねぎを強火→中火→弱火でじっくり炒めて、飴色にする。(**飴色玉ねぎの作り方**)

4 カレー粉を加え、しっかりと炒め合わせたら(**a**)、サラダ油大さじ2、ニンニク、ショウガを加えて弱火で炒める。

5 香りが立ってきたらひき肉を戻し入れる。

6 ケチャップ、中濃ソースを加え、調味料の水分を飛ばすように中火で炒める。牛乳、ハチミツを加えて温めたら弱火にして、ときどき混ぜながら15分煮る。

7 醤油、バターを加えて混ぜ、バターが溶けたら、器にごはんを盛り、カレーをかける。

めんどうレベル

3
LEVEL

飴色玉ねぎの作り方

強火で全体を温めてから中火にして玉ねぎから水分をじんわりと吐き出させる。水分が出たら、また強火に

水分が出たら強火に、水分が飛んだら弱火にと、中火を中心に弱火〜強火を行き来して30分ほど炒める

鼻歌でも歌いながら、焦げそうになったら弱火にして、30分炒め続けたら飴色玉ねぎの完成！

うまみ
POINT

a

飴色玉ねぎにカレー粉を加えたら、丁寧に炒め合わせてカレー粉の香りをしっかり立たせる

『 **超本格バターチキンカレー** 』 BUTTER CHICKEN CURRY！

手間と時間で
深く、まろやかになる

じっくり漬け込んで、焼いて、炒めて、煮込む。手間と時間はガッツリか
かるけれど、やることは意外にシンプル。何よりヤバいほどうまい。特別
なスパイスは必要なく、普通の食材で作れるっていうのも、嬉しい！

手羽元…8本（480g）

塩…適量

● **カレーペースト**

ヨーグルト
（無糖・プレーン）
…200g

おろしショウガ…1片分

おろしニンニク…1片分

カレー粉（赤缶）…20g

玉ねぎ…300g

ショウガ…2片

ニンニク…2½片

サラダ油…大さじ5

ホールトマト…1缶（400g）

ローリエ…2枚

● **A**

牛乳…400㎖

砂糖…大さじ1強

塩…小さじ2

バター…40g

ごはん…適量

作り方

1 手羽元は全体にたっぷりと塩をふり、10分置き、キッチンペーパーで水気を拭き取る（**a**）。

2 ボウルにカレーペーストの材料を混ぜ合わせ、手羽元を加えてもみ込み、ラップを密着させて冷蔵庫でひと晩（**最低でも6時間！**）置く（**b**）。

3 オーブンの天板にクッキングシートを敷き、手羽元を並べる。油適量（分量外）をかけ、220℃に予熱したオーブンで30分焼く（カレーペーストは取り置く）（**c**）。

4 玉ねぎはスライス、ショウガ、ニンニクはみじん切りにする。

5 フライパンにサラダ油大さじ1をひき、玉ねぎを加えて弱めの中火で炒める。塩少々（分量外）をふり、薄い茶色になるまで炒めたら、サラダ油大さじ4を加え、ショウガ、ニンニクを加えて弱火でじっくり炒める。

6 取り置いたカレーペーストを加えてしっかりと炒めたら、ホールトマト、ローリエを加える。一度火を強めて沸騰させたら、弱火にして10分煮る。

7 焼いた手羽元、**A**を加え、さらに弱火で20分煮て、仕上げにバターを加える。

8 器にごはんを盛り、カレーをかける。

うまみ POINT

鶏肉に塩をふり、出てきた水分をしっかり拭き取る。これで臭み抜き完了！　肉のうまみがきれいに出せる

カレーペーストに鶏肉を漬け込んだら、ラップを密着させる。こうすると空気が抜けて、ムラなく全体に味がなじむ

漬け込んだ鶏肉は煮込む前にオーブンで焼く。うまみが濃くなり、焦げ目の風味もうまみになる！

めんどうレベル
1
LEVEL

『 **ふわふわ鶏そぼろ丼** 』 GROUND MEAT BOWL!

泡立て器で混ぜながら
細やかに味を入れる

面倒なことは一切なし！　ひと言でいうと「鍋にそぼろの材料をすべて入れて泡立て器で混ぜながら煮る」…これでOK。子どもでも作れる、作りおきにもお弁当にもぴったり。忙しいときのお助けレシピ

鶏ひき肉…320g

● **A**

　酒、みりん…各大さじ3

　醤油…大さじ2

　オイスターソース、砂糖
　　…各大さじ1

　水…60mℓ

　おろしショウガ…1片分

山椒粉…適量

ごま油…大さじ1

卵黄…2個

ごはん…適量

作り方

1 鍋にひき肉、**A**を入れて（**a**）、泡
立て器でひき肉を崩しながら中
火で煮る（**b**）。

2 水分が減り、肉に味が入ってきた
ら火を止めて、山椒粉、ごま油を
加えて混ぜ合わせる。

3 器にごはんを盛り、そぼろをのせ、
真ん中に卵黄をのせる。

下ごしらえも難しい手順
もなし。ひき肉と調味料
をすべて鍋に入れてから
火にかける

肉が塊にならないよう泡
立て器でほぐしつつ、肉
一粒ずつにうまみを入れ
ていくイメージ

『 メキシカンピラフ 』 MEXICAN PILAF!

米のポテンシャルを
最大限に生かす!

とあるファミレスのメキシカンピラフが大好きで、作りたい
と考えた。ナンプラーを使う、米にうまみを入れる、うまみ
をまとわせる。米を主役に味を組み立てていくのが面白い!

めんどうレベル
2
LEVEL

米…200g（1合強）

● A

　水…205ml

　ナンプラー…小さじ1強

　鶏ガラスープの素…小さじ2弱

　酒…大さじ2

　カレー粉…小さじ2

　クミンパウダー…小さじ2

豚ひき肉…100g

ニンニク…1片

ショウガ…1片

ピーマン…2個

玉ねぎ…80g

ミニトマト、パクチー…各適量

オリーブオイル…大さじ1

塩…少々

サラダ油…大さじ1

● B

　オイスターソース…大さじ1

　ケチャップ…大さじ1強

バター…20g

コーン…1缶（190g）

パクチー、黒コショウ、ライム
　…各適量

作り方

1 米は洗わず、混ぜ合わせた**A**を加えて軽く混ぜ、炊飯器で炊く（**a**）。

2 ニンニク、ショウガ、ピーマン、玉ねぎはみじん切り、ミニトマトは半分に切り、パクチーはざく切りにする。

3 フライパンにオリーブオイルをひき、強火でひき肉を炒めて塩をふる。玉ねぎを加えて軽く炒め合わせたら端に寄せる。あいたところにサラダ油、ニンニク、ショウガを加え、香りが立つまで弱火で炒める。

4 具を少し寄せ、あいたところに**B**を加えて軽く炒める。

5 炊き上がったごはんに**4**、バター、ピーマン、汁気をきったコーンを加えて混ぜる。

6 器に盛り、ミニトマト、パクチーを添え、黒コショウをふり、ライムを搾る。

うまみ
POINT

a

米にうまみをしっかり入れるために、米を洗わず、生米の状態で調味料を加える！

「刺身は醤油で食うのが一番うまい」

「刺身の美味しい食べ方を教えて」と聞かれると、僕はいつも「醤油で食べるのが一番」と答える。無理に手を加えなくても美味しいというものはある。刺身はその代表。だからわが家で刺身を食べるときは、わさび醤油か漬け丼。今はそれがベスト。漬けを超える料理が生まれる日がくるのかどうか…それもまた楽しみってことで！

わが家の定番!
漬け丼

材料と作り方

小鍋に酒・みりん各60㎖、醤油・めんつゆ（3倍濃縮）各30㎖を入れて火にかけ、アルコール分を飛ばして粗熱を取る。ボウルに入れ、好みの刺身適量を漬け込み、ラップを密着させて10分ほど置く。ごはんにのせてわさびや刻みのりを添える。

材料 2人分

鶏むね肉…大1枚(約350g)

ニンニク…1片

ショウガ…1片

長ネギ(青い部分)…適量

● **A**

　塩…鶏肉の1%(約3.5g)

　砂糖…鶏肉の0.3%(約1g)

　サラダ油…大さじ1

● **ネギダレ**

　長ネギ(白い部分)…1本

　ごま油…大さじ2強

　白だし、ハチミツ…各大さじ1

　りんご酢…小さじ2

　塩…小さじ½

鶏の肉汁…全量

サラダ油…適量

卵…2個

ごはん…適量

大葉…10枚

黒コショウ…適量

作り方

1 ニンニクとショウガはスライス、長ネギはみじん切りにする。鶏肉はキッチンペーパーで拭き、皮を取り除く。

2 ジッパー付きのポリ袋に鶏肉を入れ、ニンニク、ショウガ、長ネギ、混ぜ合わせた**A**を全体にまぶすように加えてよくもみ込む。

3 袋を水に浸し、空気を抜きながらジッパーをしっかり閉める。

4 大きめの鍋に水1ℓを入れて沸騰させ、火を止めて鶏肉の袋を鍋に浸し、蓋をして20〜25分置く。

5 ネギダレを作る。長ネギはみじん切りにし、すべてのタレの材料と混ぜ合わせる。

6 鶏肉を鍋から取り出し、袋入りのまま20〜25分置き、余熱で火を通す。

7 鶏肉の水気をキッチンペーパーで拭き取って手でほぐし(a)、袋の中の肉汁をタレに加える。

8 フライパンにサラダ油をひき、目玉焼きを作る。

9 器にごはんを盛り、鶏肉、千切りにした大葉、ネギダレ、目玉焼きをのせ、黒コショウをふる。

a

鶏肉は手でほぐすとネギダレがからみやすく、ごはんにもなじみやすい

BRAISED PORK BELLY!

『 究極の角煮 』

材料 作りやすい分量

豚バラブロック肉…700g

半熟ゆで卵（6分ゆでたもの）
…2個

ニンニク（皮付き）…2片

ショウガ…2片

長ネギ（青い部分）…1本分

長ネギ（白い部分）…1本

塩…適量

● タレ

　水…700mℓ

　酒、みりん…各200mℓ

　醤油…50mℓ

　めんつゆ（3倍濃縮）…25mℓ

　砂糖…20g

作り方

1 ニンニクは包丁の腹で押さえて潰す。オーブンの天板にクッキングシートを敷き、ニンニク、ショウガ、長ネギの青い部分をのせ、250℃のオーブンで30分焼いて焦がす。

2 長ネギの白い部分は5cm長さ、縦方向の千切りにして水にさらす（白髪ネギ）。

3 豚肉は大きめに切り、脂身を下にしてフライパンに並べ入れ、弱めの中火で全体を焼く（a）。肉の脂が出てきたら取っておく（b）。

4 豚肉に塩をふり、全体が焼けたらバットなどに取り出す。

5 鍋にタレの材料を入れ、中火でアルコール分を飛ばす。

6 焦がした野菜をザルに入れてタレの鍋に入れる。弱火で10分煮たらザルを外す。

7 焼き上がった豚肉を鍋に加え、落とし蓋をして弱火で1時間～1時間半煮込む（c）。

8 火を止めてゆで卵を加え、冷ましながら味を染み込ませる。**（時間がなければすぐ食べてOK）**

9 器に盛り、白髪ネギをのせ、取り置いた豚肉の脂を少しかける。

めんどうレベル

3

LEVEL

うまみ
POINt

a

肉は脂身から焼いて余分な脂を引き
出す。全体にしっかり焼き目をつける
ことで、これが風味になる

b

出てきた脂は捨てずに取り置いてお
く（食べるときに、脂を戻し入れて
うまみを加えるため）

c

落とし蓋はクッキングシートで作れ
る。鍋のサイズに合わせて正方形に
切る。四つ折りにしてから端を丸く
切り、直線部分に三角の切り込みを
入れて穴を開ければ完成

落とし蓋をして
味を閉じ込め、
うまみを凝縮！

『 **青椒肉絲** 』

SAUTEED
SHREDDED PORK
WITH GREEN PEPPER!

油をまとわせることで
シャキッと一気に加熱！

青椒肉絲フリークの僕は、絶対に美味しい青椒肉絲を食べたい。だから、
炒めるだけでもできる青椒肉絲を、本場のように素材を揚げて丁寧に手間
をかけて作る。面倒だけど、一度食べると手間の理由がわかるから

豚ロース薄切り肉…200g

ピーマン…4〜5個

タケノコ（水煮）…100g

ニンニク、ショウガ…各1片

● A

　酒、醤油、片栗粉…各大さじ2

● タレ

　酒、オイスターソース
　　…各大さじ2

　醤油、ハチミツ…各大さじ1

　豆板醤…小さじ1

サラダ油、ごま油、山椒粉
　…各適量

作り方

1 ピーマン、タケノコ、豚肉は6cm長さの細切りに（a）、ニンニク、ショウガはみじん切りにする。

2 豚肉に**A**を加えてもみ込む。

3 フライパンに食材が浸るくらいのサラダ油を入れて中火にかける。豚肉を揚げ焼きの要領で油に通し、ザルに上げる。油を戻し入れて強火にかけ、ピーマンとタケノコを5〜10秒油に通し、ザルに上げる（b）。

4 フライパンを弱火にかけ、サラダ油大さじ2をひき、ニンニク、ショウガを炒める。混ぜ合わせたタレの材料を加え、強火で軽く煮詰めたら、具材を加えてサッと炒め合わせる。

5 器に盛り、ごま油、山椒粉をかける。

うまみ POINT

ピーマンとタケノコ、豚肉は同じサイズに切りそろえる。火の通りが均一になるだけでなく、見た目も美しく食べやすい

多めの油でサッと揚げ焼きにし、ザルに上げて油をきる。これで加熱効率が上がり、香りよく仕上がる

『 うちの肉ジャガ 』　MEAT AND POTATO STEW!

炒めた香ばしさと
だしのうまみの相乗効果

肉ジャガはやっぱり家の味がいい。だからこそ「うちの肉ジャガは美味し
い！」と胸を張りたい。うまみが薄い、肉が硬い、ジャガイモに味が染みて
いない…なんて、ガッカリすることがないように

材　料 2人分

牛薄切り肉（または牛こま切れ肉）
　…200g

だしパック…1個

ジャガイモ…2個（約300g）

玉ねぎ…130g

ニンジン…1本

白滝…100g

サラダ油…大さじ1

● **A**

　酒…100㎖

　みりん、醬油…各40㎖

作り方

1 鍋に水500㎖、だしパックを入れ、中火で5分煮てだしを取る（**a**）。

2 玉ねぎはくし切り、ジャガイモ、ニンジンは乱切り、白滝は食べやすい長さに切る。

3 フライパンにサラダ油をひき、中火にかけて野菜を炒める。全体に軽く火が通ったら、牛肉を加えて炒め合わせ（**b**）、白滝を加える。

4 **A**、だしを加えて（**c**）一度沸騰させたらアクを取り、ときどき全体を軽く混ぜながら中火で20分煮る。

うまみ
POINt

肉ジャガにはだしが必須。でも、カツオ節でだしを取るのはしんどいから、だしパックを使う。これで十分美味しい！

野菜を炒めたら牛肉を加えてサッと炒める。これで肉の香ばしさが加わってうまみ、風味がアップする

だしと調味料を加えたら、野菜と肉に火を通しながら、うまみと味をじっくり入れていく

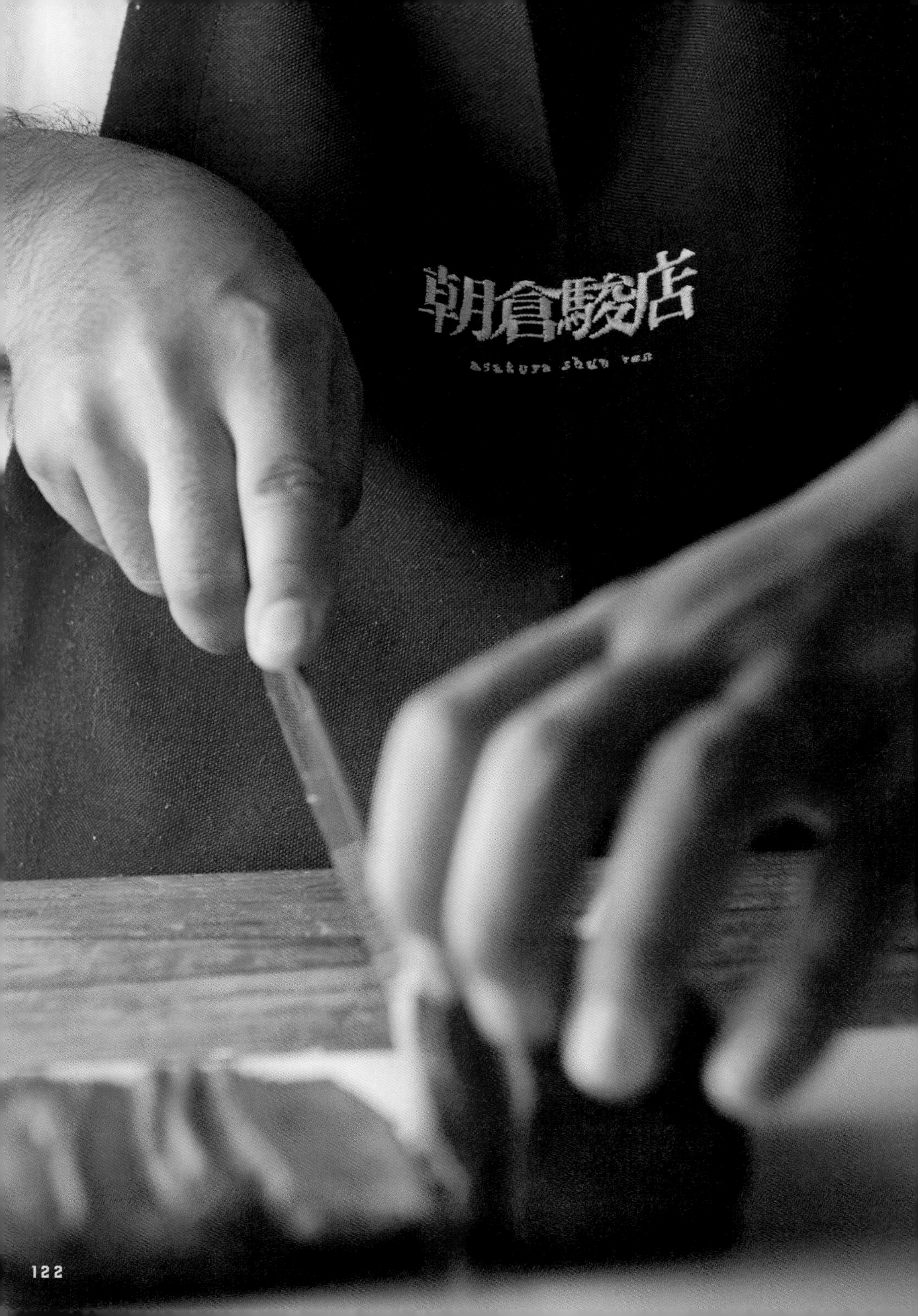
朝倉駿店

『 ローストビーフ 』

肉に愛を込めて
ゆっくり優しく火を通す

ローストビーフは完成するまで味見はできないし、カットしないと
肉の色もわからない。だからこそ、大事に優しくひとつずつ作業し
ていく。肉への愛が大事なのです！

『ステキなステーキ』

おろし玉ねぎで肉が劇的にうまくなる

スーパーで買った特売ステーキ肉。硬かったらイヤだなと思いつつ買ってきた。そこで僕は、お肉が柔らかくなるワザを使う。すると、なんということでしょう、劇的やわらかステーキに。これぞ、ロマン！

牛肩ロース肉…約250g
おろし玉ねぎ…100g
塩…ふたつまみ
サラダ油…大さじ2
黒コショウ…適量

作り方

1 牛肉は筋を切る（**a**）。

2 牛肉の両面におろし玉ねぎをすり込んで15分置く（**b**）。

3 おろし玉ねぎをざっくり落とし、塩をふる。

4 フライパンを強火にかけ、サラダ油をひき、油がサラサラになったら牛肉を入れる。

5 動かさず、しっかりと焼き目をつける（**c**）。こんがりと焼けたらひっくり返し、肉が温まる程度にサッと焼き、再び裏返す。

6 器に盛り、黒コショウをふる。

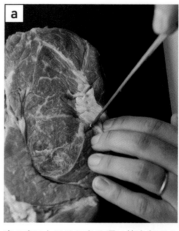

a

肉の白いところにある硬い筋を包丁の刃先で断ち切る。これで、肉が縮みにくくなり歯応えが柔らかくなる

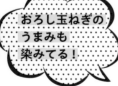

おろし玉ねぎのうまみも染みてる！

STEAK!

『 ステキなステーキ 』

うまみ
POINT

すりおろした玉ねぎを肉の両面にすり込むと、肉が柔らかくなり、臭みも取れて一石二鳥！

焦げ目のないステーキはうまくない！
動かさずしっかり焦げ目をつける

めんどうレベル

2
LEVEL

めんどうレベル

2 LEVEL

『 **肉汁封印ハンバーグ** 』 HAMBURGER STEAK!

肉ダネを徹底的に
冷やして脂を逃がさない!

僕のハンバーグは皿の上で肉汁があふれ出さない。だって、出ちゃったら
もったいないじゃん。というわけで、徹底的に肉ダネを冷やし続けて肉汁
封印。だから、口の中で脂が溶け出す!

合いびき肉…300g

玉ねぎ…80g

サラダ油…適量

パン粉…30g

牛乳…30ml

塩…肉の1.3%（約4g）

ナツメグ…3g

卵…1個

水…50ml

スライスチーズ…2枚

黒コショウ、オリーブオイル
　　…各適量

作り方

1 玉ねぎはみじん切りにして2等分し、サラダ油少々をひいたフライパンで半量を炒める（a）。パン粉に牛乳を加えて浸す。

2 ボウルにひき肉、塩を入れ、氷水で冷やしながら白っぽく粘り気が出るまで練る（b）。

3 1、ナツメグ、卵を加え、白っぽくなるまでさらに練る。

4 肉ダネを2等分し、丸く成形し、冷蔵庫で20分冷やす。

5 フライパンにサラダ油大さじ1をひき、ハンバーグを中火で焼く。両面に焼き色がついたら水を加え、蓋をして弱火で10分ほど蒸し焼きにする。

6 スライスチーズを1枚ずつのせ、蓋をして1分、チーズを溶かす。

7 器に盛り、黒コショウをふり、オリーブオイルをかける。

うまみ
POINT

SIDE DISH

つけ合わせの
野菜は
お好みで

玉ねぎは炒める派、炒めない派に分かれるけれど、僕は両方派。炒め玉ねぎの甘味、生の食感の両方を使う

氷水を当てて肉を冷やしながら手で練る。冷たいけれど、脂を冷やして肉汁を封印するためだから我慢！

今回のつけ合わせは、半分に切って皮ごとオーブンで焼いた玉ねぎ。甘くて美味しいですよ

材料 20個分

焼売の皮…20枚

豚ひき肉…200g

豚バラ肉…100g

玉ねぎ…200g

ショウガ…20g

塩…肉の1％（2g）

片栗粉…適量

● **A**

  ラード…20g

  酒…大さじ1⅓

  オイスターソース…大さじ½強

  醤油…大さじ1強

  砂糖…大さじ1

  ごま油…大さじ1弱

からし、酢、醤油など（好みで）
…各適量

作り方

1 玉ねぎ、ショウガはみじん切りにし、玉ねぎに片栗粉大さじ2をまぶす。バラ肉は粗めのみじん切りにする。

2 ボウルにひき肉、塩を入れ、氷水に当てながら白っぽくなるまで練る。

3 玉ねぎ、ショウガ、バラ肉、**A**を加えてよく練る（**a**）。

4 焼売の皮に餡をギュッと詰めて包み（**b**）、片栗粉を敷いたバットに並べ置く。

5 鍋に水少々を張って沸騰させたらクッキングシートをのせ、その上に焼売を並べる（**c**）。蓋をして弱火で10分蒸す。

6 器に盛り、好みでからしと酢、醤油などを添える。

うまみ POINT

a

粗めに刻んだ豚バラ肉を加えると肉の脂と食感が格段にアップ。肉々しさのヒミツはコレ！

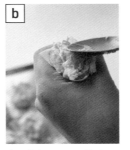

b

皮に餡をしっかり詰める。指で輪を作り、皮を置いて餡をのせて押し込んでいく感じ。空洞ができないようギュッと！

c

蒸し器がなくてもOK。水を張った鍋にクッキングシートをのせて焼売を並べる。蒸しすぎると皮が溶けるので注意して

めんどうレベル

2

LEVEL

『 ゴーヤチャンプルー 』 GOYA CHANPURU!

最高の香ばしさを
豆腐にまとわせる

ゴーヤチャンプルーの美味しさは苦味と香りにあると思う。だからゴーヤ
は下処理せずに炒める。揚げ焼きにした豆腐、レンチンしたおかか、ふっ
くら焼いた卵とスパム…いろんな香ばしさが、まさにチャンプルー！

スパム…200g

ゴーヤ…1本

木綿豆腐…1丁

カツオ節…4g

卵…2個

サラダ油…大さじ2

塩…適量

● **A**

白だし（濃縮）、酒、
みりん…各大さじ1

醤油…小さじ1

ごま油…大さじ2

作り方

1 豆腐は水気をキッチンペーパーで拭き取る。塩をふり、新しいキッチンペーパーを二重にして包む。ラップをせずに電子レンジで3分加熱し、粗熱が取れたら16等分の角切りにする。

2 耐熱容器にカツオ節を入れ、ラップをせずに電子レンジで1分加熱する。指でもんで粉状にする（**a**）。

3 ゴーヤは縦半分に切り、中わたをスプーンで軽く取り除き、厚めにスライスする。スパムは短冊状に切る。卵は溶きほぐす。

4 フライパンにサラダ油をひいて中火にかけ、豆腐を揚げ焼きにして（**b**）塩をふり、全体が焼けたら取り出す。

5 そのままのフライパンにスパムを加えて中火で焼く。強火にしてゴーヤを加えてサッと炒める。

6 豆腐、混ぜ合わせた**A**、溶き卵を加えて軽く炒め合わせたら、カツオ節、ごま油をかける。

b

カツオ節はレンチンすると香ばしさがしっかり立つ。指でもむと粉状になり、香りとうまみが全体に行き渡りやすくなる

b

うまみ**POINT**

豆腐はフライパンを傾けて油に浸らせて揚げ焼きにすると、香ばしくなり、味なじみがよくなる

『 鮭のムニエル 』

こんがり、
ふわっふわ。
これぞ、
じっくり丁寧に
焼いた成果!

魚のムニエルはシンプルだけれど繊細な料理。
難しいテクは必要ないものの、じっくり丁寧に扱
わなくちゃダメ。でも、それだけで、驚くほどふ
わふわの鮭のムニエルができる!

MEUNIERE SALMON!

『 鮭のムニエル 』

材料 2人分

生鮭切り身…2切れ
小麦粉…適量
オリーブオイル…大さじ3
塩…適量
バター…30g
ディル、バゲット（好みで）…適量

作り方

1 鮭は小骨を抜いて（a）キッチンペーパーで水気を拭き取り、小麦粉をしっかりまぶし、しっかり落とす。

2 フライパンにオリーブオイル大さじ2をひき、鮭の皮目を下にして並べる。軽く塩をふり、弱火でじっくりと皮目を焼く（b）。

3 皮目がこんがりと焼けたら裏返して全体を焼く。

4 鮭を取り出してフライパンをキッチンペーパーで拭き取り（c）、バター、オリーブオイル大さじ1を入れて弱火にかける。

5 鮭を戻し入れ、スプーンでバターをかけながら熱を加える（d）。

6 器に盛り、好みでちぎったディルを散らし、バゲットを添える。

パリパリ
サクサクの皮も
最高です！

めんどうレベル
1
LEVEL

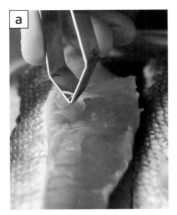

a

身の真ん中と細くなっている辺り
（腹部分）を触ってみて、骨があっ
たら骨抜きで取り除いておく

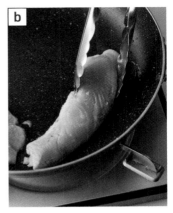

b

皮をフライパンの縁に当ててじっく
り焼く。皮を焼き固めてから身を焼
くことで、身割れを防げる

c

鮭から出てきた脂は臭みのもとにな
るので、キッチンペーパーできれい
に拭き取る

d

うまみ
POINT

熱々のバターオイルをかけながら、周
りから優しく火を通していくと鮭が
しっとりふっくら焼き上がる

『 サバ味噌 』 MISO SIMMERED MACKEREL!

定番だからこその
一生モノのレシピです

サバ味噌は魚料理の永遠の定番。いつまでも自分で作れないのはイヤだなと思うわけです。僕が作るサバ味噌はとても簡単。自然と臭みも取れて美味しくなる。よく作る定番だからこそ、簡単って大事じゃないですか？

生サバ切り身…4切れ

ショウガ…1片

● A

　酒、水…各100㎖

　みりん…50㎖

　砂糖、醤油…各小さじ1

味噌…大さじ1

作り方

1 サバは皮に切り込みを入れる（a）。ショウガは細切りにする。

2 鍋にショウガ、Aを加えて煮立たせる。

3 火を止めてサバを加え、弱めの中火にかけ、アクを取りながら3分ほど煮る。

4 ボウルに味噌を入れ、鍋の煮汁を少し加えて溶かし（b）、鍋に加える。

5 弱火で軽く煮詰めたら、器に盛る。

うまみ
POINt

a

味が染みるようサバの皮に切り込みを入れる。「Ｘ」と描くように！

b

味噌は、鍋からすくった煮汁で溶いてから加えると、溶け残りを防げる

めんどうレベル **2** LEVEL

『 **フィッシュ＆チップス** 』 FISH AND CHIPS!

揚げ方と衣の工夫で
めくるめく衝撃食感！

揚げ物は面倒、だけど揚げたては最高！　このジレンマを打ち砕く、衝撃
的に美味しくて絶対に失敗しないフィッシュ＆チップス。フィッシュはサ
クふわ、ポテトはザクとろ〜。一度食べるとまた作りたい！ってなるよ

生ダラ…半身2枚

ジャガイモ…3〜4個

揚げ油…適量

塩…適量

バター…20g

● A

　天ぷら粉…40g

　炭酸水…60㎖

● B

　マヨネーズ…適量

　レモン汁…⅛個分

作り方

1 チップスを作る。ジャガイモは1.5〜2㎝厚さの輪切りにし、キッチンペーパーで水気を拭く。

2 鍋に揚げ油をたっぷり入れ、ジャガイモを入れる（**a**）。150〜160℃に熱し、15分ほど揚げる。高温にしてさらに15分揚げ（**全体がカチカチになるまで**）、網などに上げて油をきり、しっかりと塩をふる。

3 バターを電子レンジで軽く温めて溶かし、ジャガイモにからめる。

4 フィッシュを作る。タラは塩をふって10分置く。キッチンペーパーで水気を拭き取り、ひと口大に切る。

5 ボウルに**A**を入れてざっくりと混ぜ、衣を作る（**b**）。

6 油を170℃に熱し、タラを衣にくぐらせて揚げる。軽く色づいたら網に上げて油をきる。

7 器に盛り、混ぜ合わせた**B**を添える。

うまみ POINT

ジャガイモは厚めの輪切りにして冷たい油に入れる。ゆっくり加熱すると外はガリッ、中はとろっ！

フィッシュの衣は、市販の天ぷら粉と炭酸水をさっくり混ぜるだけでOK。これだけで軽やかな理想の食感になる！

\ 自分も休む /
『箸休めレシピ』

メインの料理を丁寧に作ったら、ゆるゆる休みながら箸休めを作ろう。
焼くだけ、あえるだけ、混ぜるだけ。あとは楽しく食べるだけ！

こんがり焼いて、超ジューシー！

焼きズッキーニ

材料 2人分

ズッキーニ…1本
塩…適量
オリーブオイル…適量

作り方

1 ズッキーニは縦半分に切り、断面に格子状の切り込みを入れる。塩をふって10分置き、キッチンペーパーで水気を拭き取る。

2 フライパンを中火にかけてオリーブオイルをひき、ズッキーニの断面を下にして揚げ焼きにする。

3 動かさず、じっくりと焼き目をつけたら、裏返して焼く。

4 器に盛り、オリーブオイルをかけ、塩を添える。

オーブンまかせで、白菜のうまみ凝縮!

白菜のオーブン焼き

材 料 2～3人分

白菜…¼個

塩…適量

オリーブオイル…適量

シーザードレッシング（市販）、
　　粉チーズ、黒コショウ
　　…各適量

作り方

1 オーブンの天板にクッキングシートを敷き、白菜をのせる。葉の間にも少し多めと感じるぐらいに塩をふり、オリーブオイルをたっぷりかける。

2 200℃に予熱しておいたオーブンで40分焼く。

3 器に盛り、シーザードレッシング、粉チーズ、黒コショウ、オリーブオイルをかける。

昆布茶でうまうま！　あとひく味

大根の昆布茶漬け

材料 作りやすい分量

大根…適量（¼本・250g）
塩…大根の1％（2.5g）
昆布茶…大根の1％（2.5g）

作り方

1 大根は皮をむいてイチョウ切りにする。

2 ボウルに大根を入れて塩をもみ込み、ラップを密着させる。重しをして20〜30分置く。

3 水気をよく絞り、昆布茶を加えて全体にもみ込む。

気の利いた味になる
万能ドレッシング！

和風サラダ
ドレッシング

材料 2人分

ごま油…20g
めんつゆ（3倍濃縮）…10g
わさび…適量

作り方

1 すべての材料をよく混ぜ合わせる。野菜やゆ
　 でた肉、豆腐などにかけていただく。

具がゴロゴロ！
満足感抜群の食べるソース

バーニャカウダソース

材料 作りやすい分量

ニンニク…1個（8片）　　オリーブオイル…40g
牛乳…200㎖　　　　　　アンチョビ…20g〜

作り方

1 小鍋に牛乳、ニンニクを入れて火にかけ、軽く
　 沸騰させる。弱火〜中火にし、ニンニクに箸が
　 刺さるくらいの柔らかさになるまで煮る。

2 ニンニクを取り出し、牛乳を捨てる。鍋を洗
　 い、アンチョビ、オリーブオイルを入れて弱火
　 にかける。

3 アンチョビが溶けてきたらニンニクを戻し入
　 れ、フォークでニンニクを潰しながら熱々に
　 なるまで温める。好みの野菜やパンなどにつ
　 けていただく。

おわりに

　料理なんてできなくていい。僕は本気でそう思っています。美味しいものを手軽に買える時代ですからね。料理をしなくても、なんの問題もない。

　でも、自分で作った料理が美味しかったという感動や、食べてくれた人の「うまい！」の一言は、自分で作らないと得られないものです。

　僕は料理ができる人間ではありませんでした。飲食店での経験や接客という仕事を通して、人に美味しさを伝える喜びを知りました。今は心底、料理ができるようになってよかったと思います。

「スーパーの食材でこんなに美味しくなるのか！」

「自分でも作れた！」

「うまい！って言ってもらえた」

「次は何を作ろうかな」

　こんなワクワクは、料理しないと体感できない。

　料理なんてできなくていい。でも、できたほうがいいことがいっぱいあるってこと。僕が大好きなレシピだけがのっているこの本を、大いに活用して、料理が好きになってくれる人が少しでも増えたら、めちゃくちゃ嬉しい！

　今回の本に掲載しているような料理のコラムをLINEで配信しているので、よろしければそちらものぞいてみてください！

　それでは、今日も、作って、食べて、ごっそうさん！

朝倉 駿

1990年7月5日/東京都葛飾区生まれ 16歳から続けていた飲食業のアルバイトから一念発起し23歳で本格的に飲食業界入り。完全ど素人からメイン料理まで任されたのち、サービスにも従事。飲食人のキャリアを着々と身につけながら数々の店舗を渡り歩く。業績不振店舗の店長を任されキャラクターとおしゃべりだけで前年対比売上プラス1000万円を叩き出す。2020年からSNS活動を開始。【ちょっと面倒めっちゃ美味しい】をテーマにレシピを発信。ポップアップイベント、フェス出店なども大盛況。2023年8月からオンライン料理教室コミュニティ【朝倉駿店community】発足。オンライン料理教室を中心としたコミュニティを運営している。

【朝倉駿店community】
https://www.asakurashunten.net

【公式LINE】
https://s.lmes.jp/landing-qr/
2001389131-2pOJvaBp?uLand=83N61V

【YouTube】
https://www.youtube.com/@shunasakura1990

【Instagram】
https://www.instagram.com/shunasakura1990

究極のうまみレシピ

2023年12月25日 第1刷発行

著　者　朝倉 駿

発行者　矢島和郎

発行所　株式会社 飛鳥新社
　　　　〒101-0003
　　　　東京都千代田区一ツ橋2-4-3　光文恒産ビル
　　　　電話 03-3263-7770（営業）
　　　　　　　03-3263-7773（編集）
　　　　https://www.asukashinsha.co.jp

デザイン　　　　　　　片桐直美（notes）
撮影　　　　　　　　　難波雄史
編集協力・スタイリング　藤岡 操
校正　　　　　　　　　小出美由規
撮影アシスタント　　　　ナカタロウ
Special Thanks　　　　細見健人、えんま

印刷・製本　中央精版印刷株式会社

落丁・乱丁の場合は送料当方負担でお取替えいたします。
小社営業部宛にお送りください。
本書の無断複写、複製（コピー）は著作権法上での例外を除き禁じられています。

©Shun Asakura.2023,Printed in Japan
ISBN978-4-86410-985-7

編集担当　市原由衣

飛鳥新社
公式X（twitter）

お読みになった
ご感想はコチラへ